Publicado por Adam Gilbin

@ Vidal Bracero

Dieta Atkins: La Guía Definitiva Para Comer

Limpio, Bajo en Carbohidratos Para Una Vida

Saludable a Partir De Hoy

Todos los derechos reservados

ISBN 978-87-94477-53-6

TABLA DE CONTENIDO

Salmón Ahumado 1

Bolas De Mozzarella Con Tomate Y Albahaca 3

Huevos Rellenos De Queso Y Jamón 5

Albóndigas Magras Con Salsa De Tomate 8

Flapjacks De Patata Dulce Con Especias......................... 12

Tomates Fritos Y Berenjena 14

Ensalada De Col De Brócoli Y Calabacín 16

Cavolfiore Arrostito E Noci... 18

Budino Rinvigorente Al Muschio Marino 20

Jugo De Remolacha A La Manera.................................... 21

Jugo De Almendra Y Toronja 23

Horneado De Espinacas Con Queso 24

Alfredo Fakeachini... 26

Macarrones Con Queso Y Coliflor Con Queso................ 28

Deliciosos Hash Browns De Coliflor................................ 30

Deliciosa Tortilla De Queso Cheddar.............................. 32

Sopa Cremosa De Champiñones 33

- Ensalada Con Salsa De Cacahuete 35
- Ensalada De Setas Y Queso 38
- Pizza Margarita 40
- Sopa Cremosa De Cebolla 42
- Calabacines Y Berenjenas Con Albahaca 44
- Energizante Humus De Guisantes 46
- Rollitos De Calabaza Al Horno 48
- Espárragos Con Mantequilla 51
- Ensalada De Rúcula, Berros Y Menta 53
- Faláfel Alcalino Crudo 54
- Ensalada De Brócoli 57
- Quiche De Espárragos 59
- Ensalada De Col Rizada Y Masajes 62
- Salmón Ahumado Con Queso Crema 64
- Tortitas De Calabacín Con Salsa De Yogur 67
- Carpaccio De Ternera Con Rúcula Y Parmesano 71
- Pasta De Verano De Verduras Al Horno Gratinadas 74
- Pan De Verduras 77

Ensalada De Col Y Patatas 79

Sopa Cremosa De 3 Pimientos Rojos............................ 80

Nuggets De Queso Con Brócoli Saludables 83

Puré Cremoso De Coliflor.. 85

Sopa De Calabaza Con Pescado Ahumado 86

Sopa De Calabaza Con Especias Y Oriental.................... 88

Helado Alcalino-Eléctrico 90

Burritos De Nori... 92

Batido Detox Para El Almuerzo 94

Ensalada Cálida De Calabacín Pimiento Rojo Y Espinaca 95

Delicia De Esparragos 97

Rápidos Trozos De Col Rizada Energizante.................... 99

Brócoli Asado.. 101

Brocoli A La Caserola 103

Calabaza A La Plancha 105

Ñoquis De Coliflor 107

Col Rizada Y Frittata De Acelgas Arcoíris:..................... 111

Kimchi De Col Y Pepino 115

Cho Co Banana Lollipops 117

Chips De Col Rizada Picante Casera 119

Llantén Cocido Con Coco Y Mango............................... 121

Mozzarella En Carrozza Sin Pan.................................... 123

Huevos Duros Envueltos En Tocino 126

Canapés De Salmón Ahumado Con Pepino.................. 128

Caponata Siciliana 130

Pimientos Redondos Al Horno Con Hierbas Aromáticas 133

Corazones De Alcachofa.. 136

Cazuela De Desayuno De Queso De Chile Verde.......... 139

Ensalada Clásica De Calabacín...................................... 141

Delicioso Keto Slaw 143

Salmón Ahumado

Ingredientes:

- 1 pepino, en rodajas finas
- Queso crema
- Eneldo fresco o cebollino para
- Guarnición (opcional)
- 8 lonchas de salmón ahumado
- Rodajas de limón para servir

Direcciones:

1. Coloque las lonchas de salmón ahumado en una fuente para servir o en platos individuales.
2. Coloque una rodaja de pepino sobre cada rodaja de salmón ahumado.

3. Extienda una cucharada de queso crema sobre las rodajas de pepino.
4. Opcional: Adorne con eneldo fresco o cebollín para darle más sabor y presentación.
5. Sirva el Salmón Ahumado con Pepino y Queso Crema como entrada o refrigerio ligero, acompañado de rodajas de limón para exprimir sobre el salmón.

Bolas De Mozzarella Con Tomate Y Albahaca

Ingredientes:

- 2 tomates maduros

- Hojas de albahaca fresca

- 200 g de mozzarella de búfala

- Sal

- Pimienta

- Aceite de oliva virgen extra

Direcciones:

1. Comience cortando la mozzarella en cubos del mismo tamaño.
2. Corta también los tomates cherry en cubos del mismo tamaño que las piezas de mozzarella.

3. Tome una hoja de albahaca fresca y colóquela encima de un trozo de mozzarella. Envuelve la albahaca alrededor del queso, creando una esfera.
4. Repite el proceso para toda la mozzarella. Ahora toma un trozo esférico de mozzarella y envuélvelo con un trozo de tomate. Use sus dedos para presionar ligeramente los bordes para sellar la esfera.
5. Repita el proceso para todos los palitos de mozzarella. Disponer la mozzarella con tomate en un plato de servir.
6. Sazonar con sal, pimienta y un chorrito de aceite de oliva virgen extra. Decora con unas hojas de albahaca fresca.
7. Sirve las bolas de mozzarella con tomate y albahaca inmediatamente y disfrútalas mientras están frescas.

Huevos Rellenos De Queso Y Jamón

Ingredientes:

- 2 cucharadas de mayonesa ligera

- 1 cucharadita de mostaza Dijon

- Sal y pimienta

- pimentón dulce (opcional, para decorar)

- 8 huevos cocidos

- 50 g de queso crema (como el Philadelphia)

- 50 g de jamón crudo cortado en dados

- Perejil fresco picado (opcional, para decorar).

Direcciones:

1. Pelar los huevos duros y cortarlos por la mitad a lo largo. Retire las yemas y colóquelas en un bol.

2. Agregue el queso crema, el prosciutto cortado en cubitos, la mayonesa, la mostaza, la sal y la pimienta a las yemas de huevo en el tazón. Mezcla bien hasta obtener una mezcla cremosa y homogénea.
3. Rellenar las mitades de huevo duro con la mezcla de yema y queso. Puedes hacerlo con una cucharita o poner la mezcla en una manga pastelera para una presentación más precisa.
4. Opcional: espolvorea los huevos rellenos con un poco de pimentón dulce para darle más color y sabor.
5. Opcional: espolvorea los huevos rellenos con un poco de perejil fresco picado para una cobertura fresca. Transfiera los huevos rellenos a un plato y sirva de inmediato o cubra y refrigere hasta que esté listo para servir.
6. Los huevos rellenos de queso y jamón son un delicioso aperitivo o merienda.

7. También puedes servirlos como parte de un buffet o brunch.
8. Son fáciles de preparar y se pueden personalizar a su gusto agregando otros Ingredientes: como hierbas o especias.

Albóndigas Magras Con Salsa De Tomate

Ingredientes:

Para las albóndigas:

- 1 huevo, ligeramente batido
- 2 cucharadas de perejil fresco picado
- 1/2 cucharadita de sal
- 1/4 cucharadita de pimienta negra.
- 500 g de carne molida magra (ternera, pavo o pollo)
- 1/2 cebolla finamente picada
- 2 dientes de ajo, finamente picados
- 1/4 taza de pan rallado

Para la salsa de tomate:

- 2 cucharadas de aceite de oliva virgen extra

- 1 cucharadita de orégano seco

- Sal y pimienta

- Albahaca fresca picada (opcional).

- 400 g de tomates pelados

- 1 cebolla, finamente picada

- 2 dientes de ajo, finamente picados

Direcciones:

1. En un tazón grande, combine la carne molida, la cebolla picada, el ajo picado, el pan rallado, el huevo, el perejil, la sal y la pimienta. Mezclar bien hasta obtener una mezcla homogénea.
2. Tome una pequeña cantidad de la mezcla de carne y forme hamburguesas del tamaño deseado, de unos 3-4 cm de diámetro.
3. Caliente el aceite de oliva en una sartén antiadherente a fuego medio-alto. Agregue

las albóndigas y cocínelas, aproximadamente de 6 a 8 minutos, volteándolas ocasionalmente, hasta que estén bien cocidas y ligeramente doradas por todos lados. Retire las albóndigas de la sartén y déjelas a un lado.

4. En la misma sartén, agregar la cebolla picada y el ajo picado. Cocine durante unos 2-3 minutos, hasta que esté suave y transparente.
5. Agregue los tomates pelados a la sartén, triturándolos con un tenedor. Agrega el orégano, sal y pimienta.
6. Lleve a ebullición, luego reduzca el fuego y cocine a fuego lento durante unos 15-20 minutos, hasta que la salsa se espese un poco.
7. Retire la salsa de tomate del fuego y sazone con sal y pimienta a su gusto. Agregue albahaca fresca picada, si lo desea.
8. Agregue las albóndigas a la salsa de tomate, cubra la sartén y cocine a fuego lento durante otros 5 a 10 minutos, hasta que las albóndigas

estén bien cocidas y absorban los sabores de la salsa.

9. Transfiera las albóndigas con la salsa de tomate a una fuente para servir. Puede decorar con un poco de perejil fresco picado o albahaca fresca picada, si lo desea.
10. Puedes servir las albóndigas magras con salsa de tomate como plato principal acompañadas de una guarnición de verduras o con una porción de pasta integral.
11. Esta receta es versátil y se puede personalizar agregando especias o hierbas a la mezcla de carne para darle más sabor.

Flapjacks De Patata Dulce Con Especias

Ingredientes:

- 1 cucharada de miel cruda
- 6 huevos, batidos
- 1 cucharadita de canela en polvo
- 1 cucharadita de nuez moscada
- 2 camotes, asados, piel pelada.
- 2 cucharadas de aceite de oliva

Direcciones:
1. Coloque las batatas asadas en un tazón y use un triturador de papas para hacer puré la carne.

2. Mezclar los huevos y la miel. Sazona la masa con nuez moscada y canela en polvo y luego mezcla bien.
3. Calentar el aceite en una sartén sobre fuego a fuego alto. Vierta 2 cucharadas de la mezcla en la sartén y deje que se cocine durante 5 minutos. Dale la vuelta y luego cocina el otro lado durante otros 5 minutos.
4. Coloque los flapjacks cocidos en un plato. Servir.

Tomates Fritos Y Berenjena

Ingredientes:

- 2 cucharaditas. queso feta
- 2 bolas de mozzarella vegana, arrancada
- Aceite de oliva, para freír.
- Pizca de sal
- 1 tomate firme, cortado en discos gruesos
- 2 berenjenas, cortadas en discos
- 2 hojas frescas de albahaca, picadas
- Pizca de pimienta negra.

Direcciones:

1. Rocíe el aceite de oliva en una sartén antiadherente. Freír las rebanadas de

berenjena durante 5 minutos o hasta que se doren . Dr. Ain en toallas de papel. Dejar de lado.
2. Freír los tomates 5 m inutos en tandas hasta que estén chamuscados.
3. Para servir, coloque la berenjena cocida, la mozzarella vegana, las hojas de albahaca, el tomate cocido, el queso feta y luego cubra con otra berenjena. Servir.

Ensalada De Col De Brócoli Y Calabacín

Ingredientes:

- 1/4 taza de semillas de girasol
- 1/4 taza de almendras picadas
- 3/4 de mantequilla de palo
- Cebollas verdes, picadas, para adornar.
- Para vestirse
- 2 tazas de col brócoli
- 2 tazas de calabacín, procesadas en tiras de fideos, cocidas
- 3/4 taza de aceite de oliva

Direcciones:
1. Fundir la mezcla a fuego medio-bajo en una sartén grande.

2. Salteado de almendras y fideos de calabacín. S tirar de vez en cuando mientras se cocina.
3. Transfiera los fideos a un bol. Agregue bro ccoli y mezcle bien para combinar.
4. Preparar el aderezo combinando los INGREDIENTES:del aderezo.
5. Rociar la mezcla de brócoli con el aderezo. Mezcle hasta que esté completamente cubierto.
6. Poner encima las cebollas verdes. Servir.

Cavolfiore Arrostito E Noci

Ingredientes:

- 1/4 di cucchiaino di sale

- 1 cucchiaio di acqua

- 2 cucchiai di pasta di miso

- 1 lattuga a foglia verde, tagliata e pulita

- 3 tazze di cimette di cavolfiore

- 2 cucchiai di olio di avocado

- 1/2 cucchiaino di curcuma, macinata

- ½ tazza di noci

Direcciones:

1. Riscaldare il forno a 180°. Versare l'olio sul cavolfiore, aggiungere la curcuma, il sale e

mescolare. Distribuire il tutto su una teglia e cuocere per 26 minuti.
2. Mescolare l'acqua e il miso in una ciotola, trasferirvi il cavolfiore arrostitio e mescolare.
3. Dividere la lattuga tagliuzzata in due piatti. Aggiungere ill cavolfiore arrostito, le noci e l'olio di avocado. Servire.

Budino Rinvigorente Al Muschio Marino

Ingredientes:

- 2 tazze di mirtilli
- 6 cucchiai di gel di muschio marino
- 2 banane
- ½ tazza di acqua di sorgente

Direcciones:

1. Collegare un frullatore ad alta velocità e versare tutti gli ingredienti tranne l'acqua.
2. Coprire il contenitore, far andare ad alta velocità fin quando il composto è liscio, e poi unire lentamente l'acqua fino a quando non ha raggiunto la densità desiderata.
3. Servire subito.

Jugo De Remolacha A La Manera

Ingredientes:

- 4 cucharadas de cebollino picado
- 800 g de rodajas de boniato
- 2 manzanas verdes
- Unas hojas de perejil fresco
- 200 g de limoncillo
- 250 ml de zumo de limón
- 500 ml de zumo de pomelo
- 600 g de rodajas de remolacha
- Unos cubitos de hielo

Direcciones:

1. Lavar, pelar y picar todos los ingredientes.

2. Colocar las batatas en una licuadora. Agregue la remolacha, el limoncillo, la manzana y el cebollino.
3. Extraer los jugos y verterlos en un tarro.
4. Añadir la lima y el zumo de pomelo. Mezclar hasta que estén bien mezclados.
5. Servir con un poco de perejil fresco y cubitos de hielo.
6. Disfrute!

Jugo De Almendra Y Toronja

Ingredientes:

- 500 ml de leche de almendras
- 1 limón
- 2 cucharaditas de jengibre en polvo
- 4 pomelos
- 500 ml de agua de coco
- 120 ml de agua tibia para manos

Direcciones:

1. Mezclar el jengibre en polvo con agua tibia hasta que se disuelva.
2. Añadir el limón y el zumo de pomelo.
3. Añadir el agua de coco y la leche de almendras.
4. Añadir cubitos de hielo. Disfrute!

Horneado De Espinacas Con Queso

Ingredientes:

- 2 tazas de espinacas frescas
- 3 huevos batidos
- ¼ de taza de crema espesa (para batir)
- ½ cucharadita de sal
- ¼ de cucharadita de pimienta negra recién molida
- 1½ tazas de queso mozzarella rallado
- Aceite en aerosol antiadherente
- 2 cucharadas de mantequilla alimentada con pasto
- 2 tazas de cebolla picada
- 2 dientes de ajo, picados

- 2 calabacines, picados en trozos pequeños

- ½ taza de queso parmesano rallado

Direcciones:

1. Precalienta el horno a 350°F. Cubra un molde para pastel de vidrio de 9 pulgadas con aceite en aerosol.
2. En una sartén a fuego medio-alto, derrita la mantequilla. Agrega la cebolla y el ajo y sofríe durante 2 minutos.
3. Agrega los calabacines y cocina por otros 4 minutos. Agregue las espinacas y revuelva hasta que se ablanden. Transfiera la mezcla y extiéndala uniformemente con una espátula.
4. En un tazón pequeño, mezcle los huevos, la crema, la sal y la pimienta. Vierta la mezcla sobre las verduras.
5. Cubra con los quesos mozzarella y parmesano y hornee durante 30 a 35 minutos. Servir caliente.

Alfredo Fakeachini

Ingredientes:

- 1 cuña de queso suizo Laughing Cow, en cubitos
- 1 a 2 cucharadas de crema espesa (para batir)
- 3 cucharadas de queso parmesano rallado
- 2 onzas de tiras o cubos de seitán
- ⅓ taza de espagueti cocido
- ½ cucharada de aceite de oliva virgen extra
- 1 cucharadita de ajo picado
- ¼ cucharadita de sal
- ¼ cucharadita de ajo en polvo
- 1 cucharada de perejil fresco picado

Direcciones:

1. Calentar el aceite de oliva. Agregue el ajo, la sal y el ajo en polvo y revuelva durante 1 a 2 minutos o hasta que esté fragante.
2. Agrega el queso y revuelve hasta que se derrita. Diluya la salsa hasta obtener la consistencia deseada con la crema. Continúe revolviendo hasta que se derrita.
3. Añade el seitán a la salsa.
4. Coloque la calabaza en un recipiente para servir, vierta la salsa encima y espolvoree con perejil.

Macarrones Con Queso Y Coliflor Con Queso

Ingredientes:

- 4 onzas de queso cheddar rallado
- 4 onzas de queso parmesano rallado
- 2 onzas de queso crema
- 1 cucharadita de sal
- Aceite en aerosol antiadherente
- 1 cabeza de coliflor, picada en floretes pequeños
- 8 onzas de crema espesa (para batir)
- ¼ de cucharadita de pimienta negra recién molida

Direcciones:

1. Precalienta el horno a 375°F. Rocíe una fuente para hornear de 8 por 8 pulgadas con aceite en aerosol.
2. Coloca la coliflor en un recipiente apto para microondas y cocina durante 3 minutos a temperatura alta. Escurrir el exceso de líquido.
3. Combine la crema espesa, el queso cheddar, el queso parmesano, el queso crema, la sal y la pimienta.
4. Vierta la salsa de queso sobre la coliflor y revuelva para cubrir.

Deliciosos Hash Browns De Coliflor

Ingredientes:

- 1/4 cucharadita de pimienta de cayena
- 3/4 taza de queso cheddar, rallado
- 1/8 cucharadita de pimienta negra molida
- 1 huevo
- 1/4 cucharadita de ajo en polvo
- 3 tazas de coliflor, rallada
- 1/2 cucharadita de sal

Direcciones:

1. Agregue la coliflor rallada en un recipiente apto para microondas y cocine en el microondas durante 3 minutos.

2. Transfiera la coliflor a la toalla de papel para absorber el exceso de líquido.
3. Transfiera la coliflor en un tazón para mezclar.
4. Agregue los Ingredientes: restantes en el tazón y mezcle bien.
5. Haga 6 croquetas de patata de igual forma con la mezcla de coliflor y colóquelas en el bandeja de hornear.
6. Hornee a 400 F durante 15 minutos.
7. Servir y disfrutar.

Deliciosa Tortilla De Queso Cheddar

Ingredientes:

- 7 onzas de queso cheddar, rallado
- 3 onzas de mantequilla
- Pimienta
- 6 huevos
- Sal

Direcciones:
1. En un tazón, mezcle los huevos, la mitad del queso, la pimienta y la sal.
2. Derrita la mantequilla en una sartén a fuego medio.
3. Vierta la mezcla de huevo en la sartén y cocine hasta que cuaje.
4. Agregue el pliegue de queso restante y sirva.

Sopa Cremosa De Champiñones

Ingredientes:

- 1/4 cucharadita de sal
- 1 cucharadita de cebolla en polvo
- 1 2/3 taza de leche de coco
- 2 tazas de floretes de coliflor
- 1/2 cebolla, picada
- 1 1/2 taza de champiñones, cortados en cubitos
- 1/2 cucharadita de aceite de oliva
- 1/4 cucharadita de pimienta negra

Direcciones:

1. Agregue la coliflor, la leche de coco, la cebolla en polvo, la pimienta y la sal en una cacerola.

2. Tapar y llevar a ebullición a fuego medio.
3. Reduzca el fuego a bajo y cocine a fuego lento durante 8 minutos.
4. Usando una licuadora, haga puré la sopa hasta que quede suave.
5. Caliente el aceite en una cacerola a fuego alto.
6. Agregue la cebolla y los champiñones y saltee durante 8 minutos.
7. Agregue la mezcla de coliflor a los champiñones salteados. Hervirlo.

Ensalada Con Salsa De Cacahuete

Ingredientes:

- 1 manojo de perejil

- 1 manojo de eneldo

- 2 cdas. vinagre de sidra de manzana

- 0.5 cdta. Salsa de pimiento rojo

- 1 puñado de nueces sin cáscara

- 2 dientes de ajo

- 1 cda. Vinagre de vino tinto

- 3 spg. cilantro

- 0.5 cucharaditas razonamiento lúpulo saludablemente

- 4 tomates grandes

- 3 pepinos medianos

- 2 cebollas dulces pequeñas

- 1 manojo de cebollas verdes

- 0,25 cucharaditas. cilantro molido un poco de sal de azafrán - al gusto

Direcciones:

1. Para preparar la salsa, combine nueces, pimienta, ajo, sal, azafrán en una licuadora o mortero y piqué hasta obtener una consistencia uniforme.
2. Picamos el cilantro con un cuchillo y lo añadimos junto con el lúpulo y el cilantro a la masa de nueces resultante.
3. Hierba 0.5 taza de agua y mézclala con el vinagre. Luego disuelva, revolviendo constantemente, una masa líquida tibia de nueces.

4. Ensalada de pepinos cortados en tiras, tomates en rodajas, aros de cebolla. Pica finamente las hierbas.
5. Poner los pepinos en un plato con los tomates, espolvorear con cebolla, pimiento y hierbas y espolvorear con vinagre. Antes de servir verter la salsa de maní.

Ensalada De Setas Y Queso

Ingredientes:

- 200 gr. queso duro
- 100 gr. champiñones pequeños
- 3 huevos duros
- 1 pechuga de pollo hervida
- 50 ml. aceite 200gr. mayonesa

Direcciones:

1. Corta la pechuga de pollo en cubos. Sartén para champiñones durante 10-15 minutos. Los huevos se frotan en un rallador grueso, queso, en una multa.
2. Ponga capas de ensalada, cada capa de aceite de mayonesa: pechuga de pollo en rodajas, champiñones, huevos, queso.

3. Repite las capas una vez más. La capa superior de queso no está cubierta con aceite, solo con mayonesa.

Pizza Margarita

Ingredientes:

- 1 cucharada de aceite de aguacate
- 3 cucharadas de salsa marinara baja en azúcar
- 2 cucharadas de queso parmesano rallado
- ½ taza de queso mozzarella en rodajas
- 1 cucharada de cáscara de psyllium en polvo
- ½ cucharadita de orégano seco
- 2 huevos grandes
- 1 cucharada de albahaca fresca picada

Direcciones:

1. Forre una bandeja para hornear con papel de aluminio. Enciende el horno a fuego lento.

2. Combine el polvo de cáscara de psyllium, la sal, el orégano y los huevos en una licuadora. Licue durante 30 segundos. Dejar de lado.
3. En una sartén o sartén, a fuego alto, calienta el aceite de aguacate. Vierta la mezcla de la base en la sartén, extendiéndola formando un círculo.
4. Cocine hasta los bordes y luego voltee la base y cocine por un minuto más.
5. Transfiera la corteza a la bandeja para hornear. Unte la salsa marinara por encima y cubra con los quesos parmesano y mozzarella.
6. Ase hasta que el queso se derrita.
7. Cubra con la albahaca y disfrute.

Sopa Cremosa De Cebolla

Ingredientes:

- ½ taza de vino blanco seco
- Sal y pimienta negra al gusto
- 2 ramitas de tomillo picado
- 2 tazas de caldo de verduras caliente
- 2 tazas de leche de almendras
- 3 cucharadas aceite de oliva
- 3 tazas de cebollas blancas en rodajas finas
- 2 dientes de ajo, en rodajas finas
- 2 cucharaditas harina de almendra
- 1 taza de queso suizo rallado

Direcciones:

1. Calienta el aceite de oliva en una olla. Saltee las cebollas durante 10 minutos o hasta que se ablanden, revolviendo regularmente para evitar que se doren. Reduzca el fuego y cocine por 15 minutos mientras revuelve ocasionalmente.
2. Incorpora el ajo y cocina más durante 10 minutos o hasta que las cebollas se caramelicen.
3. Agrega bien la harina de almendras, el vino y aumenta el fuego. Sazone con sal, pimienta negra, tomillo y vierta el caldo de verduras caliente.
4. Vierta la leche de almendras y la mitad del queso suizo. Revuelve hasta que el queso se derrita, ajusta el sabor con sal, pimienta negra y sirve la sopa.

Calabacines Y Berenjenas Con Albahaca

Ingredientes:

- 2 cebollines, picados

- 1 cucharada de pimentón dulce

- Zumo de 1 lima

- 1 cucharadita de semillas de hinojo, trituradas

- Sal y pimienta negra al gusto

- 1 cucharada de aceite de oliva

- 2 calabacines, rebanados

- 1 berenjena, en cubos grandes

- 1 cucharada de albahaca, picada

Direcciones:

1. Calentar una sartén con el aceite y añadir las cebolletas y las semillas de hinojo y sofreír durante 5 minutos.
2. Agrega los calabacines, las berenjenas y los demás ingredientes, revuelve y cocina a fuego medio por 15 minutos más.

Energizante Humus De Guisantes

Ingredientes:

- 2 cucharadas pequeñas de jugo de limón fresco
- Un puñado pequeño de hojas de albahaca
- 1 diente de ajo machacado
- 1 pizca grande de semillas de sésamo
- 1 lata de frijoles negros de 200 gramos, drenados
- Opcional: chile rojo al gusto

Direcciones:
1. Coloca los frijoles negros, jugo de limón, albahaca, semillas de sésamos y ajo en un procesador de comida hasta que espese. Si

está DEMASIADO espeso, puedes agregar un poco de agua

Rollitos De Calabaza Al Horno

Ingredientes:

- ¼ oz paquete de levadura seca activa

- ½ taza de azúcar blanco

- 1 taza de leche escaldada

- 2 cucharaditas de sal

- 1 ½ tazas de calabaza de invierno, en cubos

- ½ taza de agua tibia

- ½ taza de manteca

- 6 tazas de harina para todo uso

Direcciones:

1. Ponga el horno a 400 grados. Coloque los cubos de calabaza en una olla pequeña y luego agregue agua. Hervir la mezcla hasta

que esté tierna durante 15 minutos. Deje que se enfríe y luego aplaste.
2. Añadir la levadura en un tazón pequeño y disolverla con agua tibia. Mezcle 5 tazas de harina, sal y azúcar en un tazón grande.
3. Añadir la mezcla de calabaza, leche, manteca y levadura a la mezcla. Añadir la harina restante gradualmente. Asegúrate de batir la mezcla después de cada adición.
4. Recoja la masa y colóquela sobre una superficie enharinada.
5. Amasar hasta que quede suave. Unte el aceite en un tazón grande y coloque la masa. Cubra con un paño húmedo y deje reposar durante una hora para que se levante.
6. Divide la masa en 12 piezas. Forma cada pieza en una ronda. Cubra un molde para hornear de 13x9 pulgadas con aceite o aceite en aerosol para cocinar, luego coloque la ronda

en la parte superior. Cubrir con un paño húmedo y dejar reposar durante 30 minutos.

7. Hornee la mezcla durante 15 minutos a 400 grados hasta que la parte superior esté dorada.

Espárragos Con Mantequilla

Ingredientes:

- 1 cucharada de mantequilla

- 1 libra de espárragos frescos, puntas recortadas

- 1/4 taza de aceite de oliva

- 3/4 taza de queso parmesano, rallado

- Pizca de sal

- Pizca de pimienta

Direcciones:

1. Vierta el aceite de oliva en una sartén y luego derrita la mantequilla. Añadir las espárragos.
2. Cocine por aproximadamente 10 minutos, revolviendo ocasionalmente, o hasta lograr la firmeza deseada.

3. Retire el exceso de aceite. Espolvoree el queso parmesano en la parte superior.
4. Sazone con sal y pimienta al gusto.

Ensalada De Rúcula, Berros Y Menta

Ingredientes:

- 100g de garbanzos
- ½ ramo de menta (fresca)
- 2 cucharadas de jugo de limón (fresco)
- 100g de rúcula
- 100g de berro
- Pimienta (molida)
- Sal del Himalaya

Direcciones:

1. Lava las hojas completamente y sécalas.
2. Colócalas dentro del tazón. Arrójalas en los garbanzos.
3. Esparce menta por encima y agrega aderezo de sal y pimienta. ¡Disfruta!

Faláfel Alcalino Crudo

Ingredientes:

- ½ taza de cebolla blanca (cortada)
- 1 taza de pimiento (cortado)
- 2 cucharadas de jengibre (cortado)
- 2 cucharadas de ajo (cortado)
- 2 cucharaditas de pimienta negra
- 1 cucharada de cilantro
- 2 cucharadas de aceite de oliva (extra virgen)
- 1 taza de perejil
- 2 tazas de semillas de girasol (brotado)
- 1 taza de tahini (crudo)
- 1 taza de garbanzos (brotado)

- 2 cucharaditas de sal marina (sal del himalaya, real de redmond o gris celta)

Direcciones:

1. Mientras preparas el faláfel crudo, germina los garbanzos y las semillas de girasol antes de comenzar la receta.
2. Para hacerlo, los garbanzos y las semillas se remojan durante la noche en un recipiente lleno de agua filtrada. Cuélalos por la mañana y deja que se asienten por 12 horas al menos.
3. En este momento, puedes usarlos fácilmente (puedes enjuagarlos luego de 12 horas o deja que se asienten por más de 12 horas).
4. Después que los hayas germinado, pon todos los Ingredientes: en una licuadora para crear una mezcla uniforme.
5. Usando una cuchara para helado o las manos, crea bolas de faláfel (de 2 onzas cada una). Colócalas en la hoja teflex.

6. Deshidrátalas por 2 horas a 115°F. Retira la hoja, voltea las bolas y deshidrátalas por otras 3 horas.
7. Retira las bolas de faláfel y sírvelas calientes.

Ensalada De Brócoli

Ingredientes:

- 1 cucharadita. semillas de apio
- 1 cucharada. mostaza de Dijon
- 1 cucharada. aceite de oliva virgen extra
- Pizca de sal marina.
- 4 tazas de tallos de brócoli, cortados en juliana.
- Pizca de pimienta negra, a gusto.

Direcciones:

1. En un tazón grande , junte las semillas de apio, los tallos de brócoli, la mostaza Dijon y el aceite de oliva. Condimentar con sal y pimienta.

2. Almacenar en recipiente hermético. Colocar dentro de la nevera o hasta que esté listo para usar.

Quiche De Espárragos

Ingredientes:

- 1 1/2 taza de media crema y media
- Pizca de sal
- Pizca de pimienta
- 1/4 cucharadita de nuez moscada molida
- 1 clara de huevo, ligeramente batida
- 4 huevos
- 1 po y espárragos, extremos recortados
- 8 pulgadas, conchas de pastel de 2 piezas, sin hornear
- 2 tazas de queso suizo, rallado

Direcciones:

1. Precaliente el horno a 400 grados F. Cocine los espárragos al vapor en una pulgada de agua hirviendo.
2. Tape y luego cocine hasta que esté lo suficientemente tierno y firme, lo que debería llevar entre 2 y 6 minutos. Escurrir bien y dejar enfriar.
3. En una sartén grande y profunda, cocine el tocino a fuego medio-alto hasta que las tiras estén completamente doradas. Escurrir y luego desmenuzar. Dejar de lado.
4. Cepille las cáscaras de pastel con las claras de huevo. Coloque los espárragos y el tocino desmenuzado en los cascos.
5. En un tazón mediano, mezcle los huevos, la nuez moscada, la sal, la pimienta y la crema.
6. Top espárragos y tocino con queso suizo rallado. Vierta la mezcla de huevo encima del queso.

7. Deje las cubiertas de la tarta descubiertas y luego hornee hasta que estén firmes, lo que debería tomar entre 35 y 40 minutos. Dejar enfriar a temperatura ambiente. Servir.

Ensalada De Col Rizada Y Masajes

Ingredientes:

- 1 mango, cortado en trozos pequeños
- 2 cucharadas de miel
- Pizca de sal
- Pizca de pimienta negra molida.
- 1 puñado de col rizada, quitar stal ks
- Semillas de calabaza tostadas.
- Aceite de oliva virgen extra

Direcciones:
1. Mezcle un poco de aceite de oliva, sal y col rizada en un tazón grande.
2. Ablandar las hojas de col rizada con un masaje en el aceite y los otros ingredientes. Eso llevará unos 5 minutos.

3. En un recipiente aparte, combine la miel y la pimienta. Eso servirá de aderezo para la ensalada.
4. Combina la col rizada y el aderezo vertiendo la mezcla de miel sobre las hojas. Adorne la ensalada con los fragmentos de mango y las semillas de calabaza. Mezclar antes de servir.

Salmón Ahumado Con Queso Crema

Ingredientes:

- jugo de 1/2 limón
- 2 cucharadas de cebollín fresco picado
- Sal y pimienta
- Rebanadas de pan crujiente o galletas saladas (opcional, para servir)
- 200 g de salmón ahumado en rodajas finas
- 150 g de queso crema (como el philadelphia)
- Rodajas de limón o ramitas de eneldo fresco (opcional, para decorar).

Direcciones:

1. En un tazón, mezcle el queso crema con el jugo de limón y el cebollín. Agrega sal y

pimienta al gusto y mezcla bien hasta que la mezcla quede cremosa y homogénea.

2. Extienda las rodajas de salmón ahumado sobre una superficie de trabajo limpia. Extienda la mezcla de queso crema sobre ella en una capa uniforme.
3. Enrolle suavemente las lonchas de salmón ahumado con el queso crema dentro, creando pequeños rollos.
4. Transfiera los rollos de salmón ahumado a una fuente para servir.
5. Opcional: Adorne con rodajas de limón o ramitas de eneldo fresco para una presentación más llamativa.
6. Cubra y refrigere durante al menos 30 minutos para permitir que el queso crema se enfríe y cuaje un poco.
7. Antes de servir, puede cortar los rollos de salmón ahumado por la mitad o en rodajas

más pequeñas para una presentación más atractiva.

8. Puedes acompañar el salmón ahumado con queso crema con rebanadas de pan crujiente o galletas saladas, si lo deseas.
9. El salmón ahumado con queso crema es una gran idea para un aperitivo o una merienda refinada.
10. Son fáciles de preparar y se pueden personalizar agregando Ingredientes: como alcaparras, pepinillos en escabeche o hierbas para darles un toque extra de sabor.

Tortitas De Calabacín Con Salsa De Yogur

Ingredientes:

Para las tortitas:

- 2 huevos

- 1/4 taza de harina de almendras (u otra harina baja en carbohidratos)

- 2 cucharadas de perejil fresco picado

- 1 cucharadita de polvo de hornear

- Sal y pimienta

- 2 calabacines medianos

- 1/2 cebolla finamente picada

- 2 dientes de ajo, finamente picados

- Aceite de oliva virgen extra para cocinar.

Para la salsa de yogur:

- 200 g de yogur griego natural

- jugo de 1/2 limón

- 2 cucharadas de menta fresca picada

- Sal y pimienta.

Direcciones:

1. Ralla los calabacines y colócalos en un colador. Añade una pizca de sal y déjalos escurrir durante unos 10-15 minutos para eliminar el exceso de agua.
2. En un tazón, combine el calabacín rallado, la cebolla picada, el ajo picado, los huevos, la harina de almendras, el perejil, el polvo de hornear, la sal y la pimienta. Mezclar bien hasta obtener una mezcla homogénea.
3. Caliente un poco de aceite de oliva en una sartén antiadherente a fuego medio-alto.
4. Tome una pequeña cantidad de la mezcla de calabacín y forme un panqueque pequeño.

Repite el proceso hasta que te quedes sin mezcla.

5. Coloque los buñuelos de calabacín en la sartén precalentada y cocínelos durante unos 3 a 4 minutos por cada lado, hasta que estén bien dorados y crujientes. Puede hornear los panqueques en varios lotes si es necesario.
6. Mientras se cocinan las tortitas, prepara la salsa de yogur. En un tazón, mezcle el yogur griego, el jugo de limón, la menta picada, la sal y la pimienta. Mezcla bien hasta obtener una salsa cremosa.
7. Pasar los buñuelos de calabacín a una fuente y servir calientes, acompañados de la salsa de yogur.
8. Los buñuelos de calabacín con salsa de yogur son un delicioso aperitivo o guarnición ligera. También puedes servirlos como plato principal con una ensalada verde fresca. Esta

receta es compatible con Atkins ya que utiliza Ingredientes: bajos en carbohidratos.

Carpaccio De Ternera Con Rúcula Y Parmesano

Ingredientes:

- 50 g de Parmigiano Reggiano, rallado
- Jugo de 1 limón
- 2 cucharadas de aceite de oliva virgen extra
- Sal y pimienta
- 300 g de solomillo de ternera (alta calidad), congelado durante 1-2 horas
- 100 g de rúcula fresca
- Rebanadas de pan crujiente (opcional, para servir).

Direcciones:

1. Retire el lomo de res del congelador y déjelo descongelar un poco durante unos 10-15

minutos, lo que hará que sea más fácil cortarlo en rodajas finas.
2. Con un cuchillo afilado, corta el lomo de ternera en rodajas muy finas. Puede hacerlo más fácilmente si el filete todavía está parcialmente congelado. Coloque las rebanadas de carne en una fuente para servir en una sola capa.
3. En un tazón pequeño, mezcle el jugo de limón, el aceite de oliva, la sal y la pimienta para hacer una marinada simple.
4. Vierta la marinada sobre las rebanadas de carne, asegurándose de que estén bien sazonadas. Cubra el plato con film transparente y deje marinar en la nevera durante al menos 30 minutos para permitir que la carne se infusione.
5. Antes de servir, coloque la rúcula encima de las rebanadas de carne marinada, creando una capa uniforme.

6. Espolvorear el queso parmesano rallado sobre la rúcula.
7. Si lo desea, puede acompañar el carpaccio de ternera con rebanadas de pan crujiente.
8. El carpaccio de ternera con rúcula y parmesano es un aperitivo clásico y refinado. La ternera marinada es tierna y llena de sabor, mientras que la rúcula y el parmesano aportan frescura y sabor. Puedes servir este carpaccio como entrada o como plato principal ligero.

Pasta De Verano De Verduras Al Horno Gratinadas

Ingredientes:

- 150 gramos de calabacín
- 150 gramos de cebollas blancas o rojas
- 150 gramos de pimientos verdes
- 2 cucharadas y media de aceite de oliva
- 3 cucharadas de pecorino rallado
- 150 gramos de Berenjena
- 150 gramos de Tomates
- Pan rallado al gusto, sal al gusto

Direcciones:

1. Lava y seca las verduras. Pelar las cebollas y cortarlas en rodajas gruesas.

2. Cortar el pimiento verde en rodajas de grosor medio, los tomates en rodajas gruesas y los calabacines en tiras. Por último, corta las berenjenas por la mitad y luego en rodajas no demasiado gruesas a lo largo.
3. Vierte media cucharada de aceite de oliva virgen extra en una fuente para horno y pincelar el fondo y los bordes.
4. Luego espolvorea el borde y el fondo de la sartén con pan rallado. Empezar a disponer las verduras al gusto, formando una capa. Pintar las verduras con un chorrito de aceite de oliva virgen extra y espolvorear con una pizca de sal gris y pimienta blanca.
5. A continuación, fare un'altra capa di verdura, alternandosi a gusto e rociá nicolas con olio d'oliva vergine extra e spolverando con una pizca di sal.
6. Continúe así hasta que todas las verduras se hayan agotado. Pintar bien la última capa,

consumiendo el aceite de oliva virgen extra, y espolvorear con pan rallado.

7. Finalmente, unta el queso pecorino rallado en la superficie y coloca la sartén en el horno precalentado a 180 grados.
8. Hornee durante 40 minutos o hasta que se haya formado la deliciosa corteza dorada y crujiente.
9. Retirar del horno y dejar reposar 10 minutos antes de servir la plancha de verano de verduras al horno gratinadas. ¡Disfrute de su comida!

Pan De Verduras

Ingredientes:

- 150 gramos de calabacín
- 50 gramos de cebolletas frescas
- 1 cucharada de aceite de oliva virgen extra
- el jugo de 1 limón orgánico
- Sal roja al gusto
- 150 gramos por Daikon
- 150 gramos de pimientos rojos
- Pimienta mixta al gusto

Direcciones:
1. Limpiar, pelar, lavar y secar todas las verduras (daikon, pimientos, calabacines y cebolletas).

2. Luego córtalos en trozos, más o menos todos del mismo tamaño. Vierta el aceite de oliva virgen extra en una sartén antiadherente e inmediatamente agregue todas las verduras.
3. Revuelva y deje aromatizar durante 5 minutos, luego sazone con sal roja y recién molida mezclada con pimienta y espolvoree. con jugo de limón.
4. Mezcle bien y continúe cocinando a fuego lento y olla tapada durante 10 minutos, revolviendo ocasionalmente.
5. Por último, apaga el fuego. Disponer en platos individuales y servir su cacerola de verduras al limón en la mesa. ¡Disfrute de su comida!

Ensalada De Col Y Patatas

Ingredientes:

- 8 filetes de anchoa en aceite y 2 para decorar

- 40 gramos de aceitunas verdes

- 2 cucharadas de aceite de oliva virgen extra

- Sal rosa al gusto

- 200 gramos de papas hervidas

- 150 gramos de brócoli hervido

- 150 gramos de coliflor blanca hervida

- Pimienta rosa al gusto

Direcciones:

1. Cortar las patatas hervidas y peladas en trozos pequeños y ponerlas en un bol.

2. El tiempo de cocción para hervir las patatas es de unos 30-40 minutos, dependiendo del tamaño.
3. Agregue la coliflor blanca hervida y el brócoli romano cortado en floretes de varios tamaños.
4. El tiempo de cocción para hervir la coliflor es de unos 10 minutos, mientras que para hervir el brócoli a la romana es de unos 6 minutos.
5. Agregue los filetes de anchoa cortados en trozos pequeños y reserve 2 enteros para decorar. Añadir las aceitunas verdes y sazonar con una pizca de sal rosa y pimienta rosa recién molida.
6. Mezclar bien y decorar con los 2 filetes de anchoa. Deje reposar la ensalada de papa y brócoli hasta que esté lista para servir. ¡Disfrute de su comida!

Sopa Cremosa De 3 Pimientos Rojos

Ingredientes:

- 1 taza de leche de coco
- 1/8 de cucharadita de tomillo fresco
- 4 tazas de caldo de verduras
- 4 tazas de floretes de coliflor
- 1/4 cucharadita de hojuelas de pimiento rojo
- 1 cucharadita de pimentón
- 1 cucharada de sal sazonada
- 1 chalote grande, picado
- 1/2 taza de pimiento rojo asado, picado
- 2 cucharadas de aceite de coco

Direcciones:

1. Caliente el aceite de coco en una olla a fuego medio.

2. Agregue los chalotes y saltee durante 3 minutos.
3. Agregue los pimientos rojos y el condimento. Revuelva bien y cocine durante 2-3 minutos.
4. Agregue la coliflor, el tomillo y el caldo. Llevar a fuego lento.
5. Tape y cocine durante 10-15 minutos.
6. Usando un doblador, haga puré la sopa hasta que quede suave.
7. Regrese la sopa a la estufa y mezcle lentamente con la leche de coco.
8. Revuelva bien y sirva.

Nuggets De Queso Con Brócoli Saludables

Ingredientes:

- 2 tazas de floretes de brócoli
- 1/4 taza de harina de almendras
- 2 claras de huevo
- 1 taza de queso cheddar, rallado
- 1/8 cucharadita de sal

Direcciones:
1. Precaliente el horno a 350 F.
2. Rocíe una bandeja para hornear con aceite en aerosol y reserve.
3. Usando un machacador, rompa los floretes de brócoli en pedazos pequeños.
4. Agregue los Ingredientes: restantes al brócoli y mezcle bien.

5. Coloque 20 cucharadas en la bandeja para hornear y presione ligeramente en forma de nugget.
6. Llevar al horno precalentado por 20 minutos.
7. Servir y disfrutar.

Puré Cremoso De Coliflor

Ingredientes:

- 1/2 jugo de limón
- 4 onzas de mantequilla
- 3 onzas de queso parmesano, rallado
- 1 libra de coliflor, cortada en floretes
- Pimienta
- Sal

Direcciones:
1. Hervir los cogollos de coliflor en agua con sal hasta que estén tiernos. Escurrir bien.
2. Agregue la coliflor cocida en la licuadora con los Ingredientes: restantes y mezcle. hasta que esté suave.
3. Servir y disfrutar.

Sopa De Calabaza Con Pescado Ahumado

Ingredientes:

- 1 cebolla
- 1 zanahorias
- 200 ml. 10-20% de nata
- 1 cdta. Mezcla de pimentón
- 500 gr. pescado ahumado
- 500 gr. una calabaza 3 patatas
- 2 tomates
- Sal - al gusto

Direcciones:

1. Calabaza purificada, patatas, zanahorias y cebollas cortadas en cubos y hervidas en agua con sal durante 5-7 minutos.

2. Tíralo en un colador. Cortar los tomates en forma transversal, escaldarlos con agua hirviendo, enfriarlos inmediatamente en agua helada y quitarles la piel.
3. Pasar las verduras y los tomates cocidos por un colador y verter en la sartén.
4. Divida el pescado a lo largo de la cresta, retira las espinas. 1 costilla de solomillo, la segunda pieza cortada.
5. Añadir el pescado a las verduras en una sartén, verter la nata, remover, llevar a ebullición y retirar inmediatamente del fuego. Agrega las especias, tapa y deja reposar 10 minutos.

Sopa De Calabaza Con Especias Y Oriental

Ingredientes:

- 1 hoja de laurel

- 1 cdta. azúcar morena

- 1-2 cucharaditas. curry en polvo

- 0.5 cucharaditas canela molida

- 0.25 cdta. nuez moscada molida

- 1 calabaza pequeña

- 2 cebollas

- 1 diente de ajo

- 1,5 litros de caldo de verduras

- 1 cdta.

- Yogur agrio o natural bajo en grasa crema Sal pimienta negra molida de hierbas - al gusto.

Direcciones:

1. Calabaza cortada por la mitad y colocada en una bandeja para hornear. Cebollas limpias de la piel y cortadas en cuartos.
2. Ajo sin pelar, envolver en papel de aluminio. Poner las verduras en la sartén y hornear a 180 ° C durante 1 hora.
3. Deje enfriar un poco, raspe la pulpa de calabaza en una olla, exprima el ajo de la cáscara y agregue la cebolla y la licuadora hasta que quede suave.
4. Agrega el caldo, las especias al gusto, lleva a ebullición y cocina a fuego lento durante 10 minutos.
5. Retirar del fuego agregue crema agria e

Helado Alcalino-Eléctrico

Ingredientes:

- 3 cucharadas de leche de nueces casera
- 2 mangos maduros
- Jarabe de agave
- 2 plátanos burros

Direcciones:
1. Pela y luego corta todos tus mangos en cubos pequeños.
2. Pelar y cortar en rodajas los plátanos burros.
3. Coloque tanto el mango de plátano como los trozos en una bandeja para hornear forrada con papel pergamino y congele.
4. Coloca tu fruta congelada en un procesador de alimentos y agrega el edulcorante y la leche de nueces casera.
5. Licúa durante 4 minutos.

6. Debes detenerlo por completo para empujarlo hacia abajo y revolverlo.
7. Servir y disfrutar.

Burritos De Nori

Ingredientes:

- 1 cucharada tahini
- Semillas de sésamo, al gusto
- 450 gramos. pepino
- 4 hojas de alga nori
- 1 calabacín, pequeño
- Un puñado de semillas de cáñamo germinadas
- ½ mango, maduro
- Un puñado de amarantos
- 1 aguacate, maduro

Direcciones:

1. Coloca la hoja de Nori sobre una tabla con el lado brillante hacia abajo.

2. Acomoda todos los Ingredientes: sobre la hoja de nori, dejando un margen de una pulgada sin cubrir con el nori hacia la derecha.
3. Dobla la hoja de nori desde el borde cercano a ti hacia arriba y sobre los rellenos.
4. Espolvorea con semillas de sésamo al cortar en rodajas gruesas.

Batido Detox Para El Almuerzo

Ingredientes:

- ½ plátano burro

- ½ taza de agua de coco gelatinosa blanda

- 1 taza de lechuga romana

- 2 cucharadas. jugo de lima

- ½ taza de té de jengibre

- ¼ taza de arándanos

Direcciones:
1. Preparar el té y dejar enfriar.
2. Licúa todos los ingredientes.
3. ¡Servir y disfrutar!

Ensalada Cálida De Calabacín Pimiento Rojo Y Espinaca

Ingredientes:

- 450 gramos de calabacín

- 300 gramos de espinaca bebé lavada y drenada

- 350 gramos de zanahoria cortada en rebanadas

- 150 ml de aceite de oliva extra virgen

- Sal del Himalaya o del Mar Celta

- 1 pimiento rojo sin semillas

- Pimienta recién molida

Direcciones:

1. Lava y drena todos los vegetales. Pélalos y córtalos en rebanadas. Corta los calabacines

en bastones gruesos. Seca las hojas de espinaca y colócalas en un plato llano
2. Coloca el aceite de oliva en un plato a prueba de horno al fuego lento.
3. Agrega las zanahorias y pimientos y sazonar con sal y pimienta al gusto. Cubre el plato y cocina gentilmente por 30 minutos o hasta que los vegetales estén tiernos
4. Revuelve el calabacín y cubre de nuevo y cocina por alrededor de 10 minutos. Los calabacines deberían estar tiernos pero también mantener su color
5. Para servir coloca la ensalada caliente con todos los jugos sobre las hojas de espinaca

Delicia De Esparragos

Ingredientes:

- 2 cucharadas de mantequilla (de aguacate) derretida

- Cascara de limón rallado de la mitad de un limón

- Jugo de limón fresco de un limón completo

- 12 tallos de espárragos (dóblalos y déjalos que se partan naturalmente)

- 8 cebollas de primavera

- Tomillo fresco

Direcciones:

1. Cocina al vapor ligeramente el esparrago junto a las cebollas de primavera (por alrededor de 4 minutos o hasta que esté tan

tierno como te guste, aunque debes tomar en cuenta que sobrecocinar la comida hace que pierda los nutrientes)
2. Ahora cocina junto la mantequilla de aguacate, la piel de limón, el jugo y el tomillo para hacer un aderezo
3. Si el limón esta algo fuerte, puedes usar un poco de aceite de oliva prensado al frío para neutralizar el limón
4. Ahora colócale el esparrago en la cebolla de forma decorativa

Rápidos Trozos De Col Rizada Energizante

Ingredientes:

- 1 cucharada de aceite (de oliva o lino funciona bien)

- Un pizca de sal del Himalaya

- 1 puñado de col rizada

Opcional:

- hojuelas de chile secas

- 1 cucharada de pimiento molido

Direcciones:

1. Precalienta el horno a 200 grados centígrados o 400 grados Fahrenheit
2. Rasga la col rizada en trozos (alrededor de 2-4 cm cuadrados)

3. Frota y arroja los trozos de col en el aceite y la sal
4. Extiende los trozos de col en una bandeja para hornear y mételos en el horno por 10 minutos

Brócoli Asado

Ingredientes:

- 2 cucharadas de aceite de oliva

- Pizca de sal

- 1 1/4 lbs. Brócoli, picar en fletes pequeños

- 3 cdas de agua

- Pizca de pimienta

Direcciones:

1. Calentar el aceite de oliva en una sartén.
2. Difundir y disponer los tallos de brócoli en una capa uniforme.
3. Deje que el brócoli se cocine sin revolver durante 2 minutos.
4. Añadir los floretes y luego tirar para combinar. Dejar cocer de nuevo durante 2 minutos sin revolver.

5. Vierta sobre el agua y la mezcla de especias. Cocinar, tapado por 2 minutos más.
6. Retire la tapa y continúe cocinando hasta obtener la textura deseada.

Brocoli A La Caserola

Ingredientes:

- 1 1/4 taza de queso cheddar picado, rallado
- 1/2 taza de yogur, natural
- 1/2 taza de mayonesa
- 1/3 taza de aderezo de queso azul
- Pizca de sal
- 6 tazas de brócoli, flores y tallos, escaldados en sal y mezcla de agua
- 2 huevos
- 12 onzas de hongos, rebanados, salteados en mantequilla.
- Pizca de pimienta negra

Direcciones:

1. Precaliente el horno a 350 grados F.
2. Mezcle yogur, mayonesa, quesos, huevos, paquete de sabor ramen y aderezo. Sazone con sal y pimienta negra recién molida. Mezclar bien.
3. Combine los champiñones, el brócoli y los fideos en otro tazón.
4. Vierta la mezcla húmeda en el tazón de la mezcla de verduras. Mezcle bien para cubrir todos los Ingredientes: de manera uniforme.
5. Extienda sobre un plato de horno engrasado de 8x8 pulgadas.
6. Cubra y hornee por 45 minutos. Retire la tapa y continúe cocinando por otros 15 minutos.
7. Dejar enfriar durante 15 minutos antes de servir.

Calabaza A La Plancha

Ingredientes:

- ½ taza de aceite de oliva
- Pizca de sal
- 4 calabazas amarillas medianas
- 2 dientes de ajo machacados
- Pizca de pimienta, al gusto.

Direcciones:
1. Ponga la parrilla a fuego medio.
2. Cortar la calabaza en rodajas gruesas de ½ pulgada. Asegúrese de tener tiras largas para que no se caigan a través de la parrilla.
3. Calentar el aceite de oliva en una sartén. Añadir los dientes de ajo. Cocine hasta que esté tierna y fragante. Cepille la calabaza con aceite de ajo. Sazónelo con sal y pimienta.

4. A la parrilla la calabaza durante 10 minutos por lado hasta que esté lo suficientemente tierna. Cepille con más aceite de ajo y gírelo de vez en cuando para evitar que se cocine en exceso.

Ñoquis De Coliflor

Ingredientes:

- 1 diente de ajo (picado finamente)

- 1 taza de harina (haz una masa suave de ella)

- La cabeza de 1 coliflor (hervida o al vapor para que esté tierna)

- 1 cucharada de aceite de coco o de oliva para freír

Para el ragú:

- 6 hongos del árbol shii (grandes, rebanadas gruesas)

- 300ml de caldo de verduras

- 1 cucharadita de azúcar

- Albahaca fresca para servir

- 1 lata de tomates enteros

- 5 calabacines (rebanadas gruesas)

- ½ cebolla (finamente rebanada)

- 1 cucharada de aceite de coco o aceite de oliva

- 2 dientes de ajo (finamente picados)

- Pimienta (al gusto)

- Sal (al gusto)

Direcciones:

1. Pon el ajo y la coliflor en un procesador de alimentos o licuadora. Licúa para crear una mezcla uniforme.
2. Añade una cantidad pequeña de agua, si se necesita, para crear la mezcla uniforme.
3. Agrega harina y sal – ¼ taza a la vez - continúa el proceso a menos que obtengas una masa suave. Agrega más agua, si es necesaria.
4. Pon la masa en una superficie y amasa brevemente para hacerla suave y homogénea. Córtala en 4 partes. toma una parte y cubre las otras 3 partes restantes usando una toalla húmeda. enrolla la masa en forma de una cuerda de alrededor 3cm. Presiona cada parte usando un tenedor. Ponla a un lado y repite esto con el resto de la masa.
5. Ya que está lista para usar, pon aceite de coco o aceite de oliva en una olla o sartén

antiadherente. Fríe los ñoquis hasta que se doren ligeramente en cada lado.
6. Pon aceite de coco o aceite de oliva en una sartén antiadherente para el ragú. Mantén la llama a fuego medio.
7. Añade los hongos, calabacines, ajo y cebolla. Fríe hasta que se empiecen a ablandar y a tomar color. Agrega azúcar, el caldo de verduras y los tomates. Baja el fuego y cocina a fuego lento por 10 minutos – hasta que los vegetales se ablanden. Sazona al gusto.
8. Pon los cálidos ñoquis de coliflor sobre el ragú y sirve. Esparce algunas hojas de albahaca también.

Col Rizada Y Frittata De Acelgas Arcoíris:

Ingredientes:

- ½ cucharada de cilantro y comino (ambos molidos)

- 1 pizca de chile en hojuelas

- 6 huevos

- 100g de queso mozzarella (rallado)

- 60g de queso feta

- Pimienta (al gusto)

- Sal (al gusto)

- 2 cucharadas de aceite de oliva (extra virgen)

- 1 chalote (finamente picado)

- 1 manojo de acelgas (arcoíris)

- 2 puerros (lavados y picados en dados)

- 1 manojo de col (pequeño)

- ½ limón (solo la ralladura)

- Piñones (tostados)

Direcciones:

1. Precalienta el horno a 180°C. Enjuaga la col y las acelgas con agua fría. Sécalas.
2. Retira el tallo de los vegetales. Coloca las hojas una encima de otra, enróllalas para formar una forma cilíndrica apretada y luego córtalas en finas tiras.
3. Los vegetales deben estar finamente picados, ya que deben mantenerse juntos mientras se cocinan dentro de la frittata.
4. Toma una sartén grande para freír y ponle aceite de oliva. Caliéntala y luego saltea el chalote hasta que esté ligeramente colorado y

suave. Agrega los puerros y cocina por otros 2 minutos.

5. Ahora, amontona toda la col y las acelgas en la sartén. Cocina a fuego lento hasta que los vegetales empiecen a marchitarse. Añade comino, chile, cilantro, y la ralladura de limón. Sazonar con sal y pimienta.
6. Toma un tazón y bate unos huevos en él. Sazona usando sal y pimienta.
7. Agrega queso mozzarella y mezcla con trozos de queso feta y verduras cocidas.
8. Puedes también verter esta mezcla en la misma sartén, si está engrasando 24cm alrededor del plato de cerámica o a prueba de horno. Esparce piñones generosamente por encima, si gustas.
9. Cúbrelo usando papel de aluminio y hornea por 15 minutos. Remueve el papel aluminio y hornea por 20 minutos más.

10. Enciende tu horno a la parrilla por 2 minutos para crear la corteza profundamente dorada.

Kimchi De Col Y Pepino

Ingredientes:

- 15ml de hojuelas de chile (secas)

- 500ml de agua mineral o filtrada

- 15ml de paprica ahumada

- 5ml de jengibre (rallado finamente)

- 15ml de ajo (picado finamente)

- 250ml de repollo blanco (rebanadas finas)

- 250ml de col (picado)

- 250ml de pepinos (en cubos)

- 30ml de sal marina

Direcciones:

1. Toma un tazón y mezcla col, sal, pepino y repollo. Usa las manos para exprimir estos vegetales.
2. Esto ayudará a soltar el agua natural de estos vegetales. Agrega los Ingredientes: restantes y volcarlos en la jarra esterilizada con su tapa.
3. Deja la jarra en la barra de la cocina. Mantenlo alejado de la luz solar por 3 días. Puedes también fermentarlo por 15 días o más.
4. Después de 3 días, pruébalo y si necesitas, ferméntalo por más tiempo. Colócalo en el refrigerador cuando esté listo de sabor.
5. Sírvelo con filete frito o pechuga de pollo algunas verduras hierbas por encima

Cho Co Banana Lollipops

Ingredientes:

- 2 cucharadas de coco rallado
- 2 cucharadas de anacardos, machacados
- 3 bananas, cortadas en tres
- 1 taza de chips de chocolate negro
- 1 cucharada de aceite de coco

Direcciones:

1. Ponga el aceite de coco y las chispas de chocolate en un recipiente resistente al calor. Colocar dentro del microondas y calentar durante 20 segundos.
2. Revuelva las chispas de chocolate derretido y vuelva a colocar en el microondas durante 30 segundos más hasta que el chocolate esté suave y con poco líquido.

3. Pincho cada pieza de plátano con palito de paleta. Sumerge el plátano en el chocolate. Ponga el coco y los anacardos y el coco alrededor de la fruta. Haga el mismo Direcciones: para el resto de los plátanos.
4. Coloque los aperitivos de plátano en el congelador durante 2 horas. Este bocadillo se sirve mejor frío.

Chips De Col Rizada Picante Casera

Ingredientes:

- 2 cucharaditas de pimienta de cayena
- 2 cucharaditas de sal marina
- 1 cucharada de aceite de oliva
- 2 tazas de hojas de col rizada, lavadas, escurridas
- 1 cucharada de ajo en polvo

Direcciones:
1. Precaliente el horno a 350 ° F.
2. Cubra una hoja de hornear con papel pergamino.
3. Ponga el aceite de oliva, la col rizada, el ajo en polvo, la sal y la pimienta de cayena en un tazón. Mezcle hasta que todos los Ingredientes: se junten.

4. Coloque las verduras en la bandeja para hornear. Colóquelo en el horno y hornee por 15 minutos.
5. Deje enfriar los chips de col rizada durante 10 minutos. Servir.

Llantén Cocido Con Coco Y Mango

Ingredientes:

- 1 mango de mango maduro, cortado en trozos pequeños
- 1 cucharadita. Coco desecado
- ¼ cucharadita. Azúcar de palma sin refinar, vegano-seguro
- 2 plátanos, sin pelar
- Agua, para hervir

Direcciones:

1. Rellenar medio sartén pequeña con agua. Colocar en un plato sin pelar . Deje que el agua hierva, con la tapa puesta.
2. Cocinar el plátano durante 10 minutos. Escurrir el agua. Deje que la planta se enfríe un poco antes de pelarla.

3. Rebane el plátano cocido en discos pequeños. Colocar en el plato. Decorar con arándanos y cubos de mango.
4. En un tazón pequeño, combine el azúcar y el coco. Espolvorear en la parte superior. Servir.

Mozzarella En Carrozza Sin Pan

Ingredientes:

- 50 g de harina de almendras (u otra harina baja en carbohidratos)
- 2 cucharadas de parmesano rallado
- Aceite de oliva virgen extra para freír
- Sal y pimienta
- 2 mozzarella de búfala fresca
- 2 huevos
- Salsa de tomate para acompañar (opcional).

Direcciones:

1. Cortar la mozzarella de búfala fresca en rodajas de aproximadamente 1 cm de grosor.
2. En un bol, batir los huevos con sal y pimienta.

3. En un plato llano, mezclar la harina de almendras con el parmesano rallado.
4. Tome una rodaja de mozzarella y sumérjala en el huevo batido, asegurándose de que esté completamente cubierta.
5. Sumerja la rebanada de mozzarella empanizada con huevo en la mezcla de harina de almendras y queso parmesano, presionando ligeramente para adherir el empanado.
6. Repite el proceso con todas las rebanadas de mozzarella.
7. Caliente abundante aceite de oliva en una sartén a fuego medio-alto.
8. Cuando el aceite esté caliente, fríe las rebanadas de mozzarella empanadas hasta que estén bien doradas por ambos lados, aproximadamente de 2 a 3 minutos por lado. Asegúrate de torcerlos suavemente para evitar que se rompan.

9. Una vez listo, transfiera las rebanadas de mozzarella en carrozza a un plato forrado con toallas de papel para eliminar el exceso de aceite.
10. Puedes servir la mozzarella en carrozza sin pan caliente, acompañada de una salsa de tomate como condimento opcional.
11. La mozzarella en carrozza sin pan es un delicioso aperitivo o snack. Son ligeros y adecuados para una dieta baja en carbohidratos. Puedes disfrutarlos solos o acompañados de una fresca ensalada verde.

Huevos Duros Envueltos En Tocino

Ingredientes:

- 8 rebanadas de tocino ahumado
- Sal y pimienta
- 8 huevos cocidos
- Hierbas frescas picadas (opcional, para decorar).

Direcciones:

1. Pele los huevos duros y séquelos suavemente con toallas de papel.
2. Tome una rebanada de tocino y envuélvala alrededor de un huevo duro, cubriéndolo por completo. Repite el proceso con todos los huevos.
3. Caliente una sartén antiadherente a fuego medio-alto. No es necesario agregar aceite o

mantequilla ya que el tocino liberará su grasa mientras se cocina.
4. Coloque los huevos envueltos en tocino en la sartén y cocínelos durante unos 3 a 4 minutos por cada lado, volteándolos suavemente, hasta que el tocino esté dorado y crujiente.
5. Una vez cocidos, transfiera los huevos envueltos en tocino a un plato forrado con toallas de papel para eliminar el exceso de grasa.
6. Antes de servir, sazone con sal y pimienta al gusto.
7. Si lo desea, puede decorar los huevos con hierbas frescas picadas, como perejil o cebollino, para darle un toque de frescura.
8. Los huevos duros envueltos en tocino son un delicioso aperitivo o refrigerio. Puedes servirlos calientes o a temperatura ambiente. Son perfectos para un abundante desayuno, brunch o buffet.

Canapés De Salmón Ahumado Con Pepino

Ingredientes:

- 100 g de queso crema (como el philadelphia)
- jugo de 1/2 limón
- Cebollines frescos picados (opcional, para decorar)
- Sal y pimienta.
- 8 rebanadas de pan integral o de centeno
- 200 g de salmón ahumado en rodajas finas
- 1 pepino, en rodajas finas

Direcciones:

1. Tostar rebanadas de pan integral o de centeno hasta que estén crujientes.
2. En un tazón, mezcle el queso crema con el jugo de limón, la sal y la pimienta. Mezclar

bien hasta obtener una mezcla suave y homogénea.

3. Extienda la mezcla de queso crema en cada rebanada de pan tostado.
4. Disponer una loncha de salmón ahumado sobre cada sándwich tostado.
5. Coloque unas rodajas de pepino sobre el salmón ahumado en cada canapé.
6. Si lo desea, puede decorar con cebollino fresco picado para darle una patada.
7. Pasar los canapés de salmón ahumado con pepino a una fuente y servir inmediatamente.
8. Los canapés de salmón ahumado con pepino son un aperitivo ligero y sabroso.
9. Son perfectos para una cena informal, brunch o buffet. Puedes servirlos como plato único o acompañados de una ensalada verde fresca.

Caponata Siciliana

Ingredientes:

- 2 cebollas blancas grandes
- 500 gramos de apio
- Aceite de oliva virgen extra al gusto
- medio vaso de vinagre de vino blanco
- Sal al gusto. Pimienta según sea necesario.
- 4 berenjenas medianas
- 4 tomates maduros
- 150 gramos de aceitunas verdes o negras
- 120 gramos de alcaparras
- Hojas de albahaca al gusto

Direcciones:

1. Pelar las cebollas y cortarlas en rodajas finas. Póngalos en una cacerola junto con 2 cucharadas de aceite de oliva virgen extra Deje que se suavicen suavemente a fuego lento durante unos minutos y luego agregue el apio, lavado y cortado en rodajas finas Agregue las alcaparras desaladas Agregue las aceitunas Mezcle y cocine por 6 minutos
2. Mientras tanto, limpia los tomates que has escaldado durante 5 minutos en agua hirviendo.
3. Córtalos en trozos pequeños y luego agréguese al resto de los Ingredientes: en la cacerola.
4. Sazone con sal y pimienta recién molida y mezcle bien. Luego baje el fuego y cocine por 20 minutos, revolviendo ocasionalmente. Mientras tanto, corta las berenjenas en trozos.

5. Vierta abundante aceite de oliva virgen extra en una sartén antiadherente y deje que se caliente.
6. Luego poner la berenjena picada en él. Freírlos hasta que estén dorados y dorados.
7. Mientras tanto, la salsa está lista Pasar las berenjenas al cazo con el resto de Ingredientes: Mojar con el vinagre de vino blanco Revolver y cocinar hasta que el vinagre esté completamente mezclado y ya no se sienta su aroma: durante esta operación, remover a menudo y mantenemos a fuego medio-bajo para evitar que la caponata se pegue al fondo de la cacerola.
8. Cuando esté cocido, apaga el fuego. Distribuya la caponata en tazones de cerámica individuales. Decora con hojas de albahaca y sirve en la mesa. ¡Disfrute de su comida!

Pimientos Redondos Al Horno Con Hierbas Aromáticas

Ingredientes:

- 2 cucharadas de hierbas aromáticas
- 2 cucharadas de aceite de oliva virgen extra
- 8 aceitunas
- 250 ml de vinagre
- 8 culos redondos
- 50 gramos Migas de pan
- 1 cucharada de alcaparras saladas
- 500 ml de agua

Direcciones:

1. Vierta el agua y el vinagre en una cacerola. Llevar a ebullición y luego sumergir primero

los pimientos y luego las tapas, blanqueándolos durante 5 minutos.
2. Luego escucharlos, escucharlos bien, póngalos boca abajo en un plato y déjelos secar.
Mientras tanto, prepara el relleno.
3. En un bol ponemos el pan rallado junto con las alcaparras desaladas. Añadir las hierbas aromáticas.
4. Por último, sazonar con aceite de oliva virgen extra. Revuelva hasta que los Ingredientes: estén bien mezclados.
5. Coloque los pimientos uno al lado del otro en una sartén después de engrasar ligeramente el fondo y los bordes.
6. Rellenar los pimientos redondos con el relleno durante tres cuartos. Luego agregue una aceituna kalamata a cada pimiento. Ponga las tapas encima de los chiles.

7. Llevar a horno precalentado a 180 grados y hornear por 15 minutos. Servir en la mesa. ¡Disfrute de su comida!

Corazones De Alcachofa

Ingredientes:

- 3 limones orgánicos
- 1 cucharada de aceite de oliva virgen extra
- Sal rosa al gusto
- Pimienta mixta al gusto
- 200 gramos de Alcachofas
- 4 cucharaditas de semillas de girasol
- Unas hojas de menta fresca

Direcciones:
1. Lave y limpie las alcachofas quitando las hojas duras y coriáceas, las espinas y los tallos.
2. Sacar los corazones y remojarlos en agua acidulada con jugo de limón.

3. Coloque un limón cortado por la mitad en una cacerola y exprima el jugo en la cacerola.
4. Agregue algunas bayas de enebro ligeramente trituradas y algunos clavos. Verter agua fría y poner al fuego hasta que hierva.
5. Cuando el agua hierva, salpimentamos y añadimos los corazones de alcachofa. Cuécelas durante unos minutos para que sigan crujientes.
6. Luego escucharlos y póngalos en un bol, dejándolos enfriar. Luego corte cada corazón en 4 gajos y colócalos en platos individuales, creando formas de flores.
7. Prepare la salsa para el aderezo vertiendo el jugo de 1 limón en un tazón.
8. Sazonar con sal rosa y pimienta mixta recién molida y espolvorear con aceite de oliva virgen extra.
9. Mezclar bien para que todos los Ingredientes: se mezclen bien. Espolvorear los corazones de

alcachofas con las semillas de girasol. Sazone con salsa de limón.

10. Dejar reposar unos diez minutos. Finalmente decora colocando unas hojas de menta fresca en el centro de las flores y sirve los corazones de alcachofas en la mesa.

Cazuela De Desayuno De Queso De Chile Verde

Ingredientes:

- 4 oz de chiles verdes, cortados en cubitos
- 2 tazas de queso cheddar, rallado
- 2 tazas de requesón, enjuagado y escurrido
- 12 huevos batidos
- 6 oz de aceitunas negras, sin hueso y en rodajas
- 1/4 taza de cebollas verdes, en rodajas
- Pimienta
- Sal

Direcciones:
1. Precaliente el horno a 375 F.
2. Rocíe la cacerola con aceite en aerosol.

3. Coloque capas de requesón, queso cheddar, chiles verdes, cebolla verde y aceitunas en
4. la cacerola preparada .
5. Batir los huevos batidos y verter sobre la mezcla de queso. Revuelva suavemente.
6. Sazone con pimienta y sal.
7. Llevar al horno precalentado por 35 minutos.
8. Servir y disfrutar.

Ensalada Clásica De Calabacín

Ingredientes:

- 2 cucharadas de cebollín fresco, picado

- 1 taza de mayonesa

- 2 onzas de cebollines, picados

- 2 oz de tallos de apio, en rodajas

- 2 cucharadas de aceite de oliva

- 2 libras de calabacín, pelar y cortar en trozos de media pulgada

- 1/2 cucharada de mostaza Dijon

- Pimienta

- Sal

Direcciones:

1. Agregue trozos de calabacín en el agua con sal y déjelos durante 5 minutos y luego escúrralos.
2. el pozo de agua
3. Freír los trozos de calabacín en aceite de oliva a fuego medio.
4. Retire la sartén del fuego y déjela enfriar.
5. Agregue los Ingredientes: restantes en el tazón y mezcle bien.
6. Agregue el calabacín y mezcle bien.
7. Servir y disfrutar.

Delicioso Keto Slaw

Ingredientes:

- 2 dientes de ajo, picados
- 1 cucharada de aceite de oliva
- 2 cucharadas de tamari
- 1 cucharadita de vinagre
- 1 cucharadita de pasta de chile
- 1/2 taza de nueces de macadamia, picadas
- 4 tazas de repollo verde, rallado

Direcciones:

1. Mezcle el repollo rallado en una sartén con tamari, pasta de chile, aceite de oliva y vinagre sobre
2. fuego medio-bajo.
3. Agregue el ajo y revuelva durante 1 minuto.

4. Cubra y deje reposar durante 5 minutos.
5. Agregue nueces picadas y revuelva todo bien para combinar.
6. Cocine por otros 5 minutos.
7. Servir y disfrutar.

www.ingramcontent.com/pod-product-compliance
Lightning Source LLC
LaVergne TN
LVHW010222070526
838199LV00062B/4689